드림

1DAY
색연필
일러스트

1DAY 색연필 일러스트

초판 1쇄 인쇄 2016년 10월 12일
초판 1쇄 발행 2016년 10월 19일

지은이 서여진

발행인 장상진
발행처 (주)경향비피
등록번호 제2012-000228호
등록일자 2012년 7월 2일

주소 서울시 영등포구 양평동 2가 37-1번지 동아프라임밸리 507-508호
전화 1644-5613 | **팩스** 02) 304-5613

ⓒ 서여진

ISBN 978-89-6952-130-9 13650

· 값은 표지에 있습니다.
· 파본은 구입하신 서점에서 바꿔드립니다.

순서대로 쓱싹쓱싹,
손 가는 대로 재미있게 그려봐

1DAY
색연필
일러스트

하루 한 장 인테리어 소품

글·그림·사진 **서여진**

경향BP

PROLOGUE

색연필 일러스트로 꾸미는 '우리집'

집은 그 어떤 공간보다도 우리에게 편안하고 익숙한 장소입니다.
사랑하는 가족과 함께하는 공간을 알록달록 꾸미고 싶을 때
혹은 나만의 공간에 작은 활력을 불어넣고 싶을 때
내가 직접 그린 색연필 일러스트로 꾸며보면 어떨까요?
이 책에는 거실, 주방, 침실, 아이방, 베란다 등으로 공간을 나누어
공간에 어울리는 일러스트와 반짝이는 인테리어 아이디어를 담았습니다.
색연필 일러스트로 꾸민 인테리어 소품으로 사랑스러운 공간을 연출해보세요.
재미있게 따라 그리고 오리고 붙여 소중한 공간을 예쁘게 바꿔보세요.

From. 빈티지걸 서여진

CONTENTS

프롤로그 · 5
도구 소개 · 10
색연필 일러스트 tip · 11

PART 1

온가족이 모여 오순도순!
거실을 꾸미다

DAY 1 꽃병 라벨 스타티스, 장미, 동백 · 14
DAY 2 앵무새 모빌 앵무새 · 16
DAY 3 천사 시곗바늘 천사 · 18
DAY 4 알프스 소녀 바구니 장식 알프스 소녀 · 20
DAY 5 생쥐 전기 코드 생쥐 · 22

PART 2

이야기꽃을 피우며 화기애애!
주방을 꾸미다

DAY 6 컵 코스터 애플민트, 라벤더 · 26
DAY 7 티백 포장 주전자, 찻잔, 보관용기 · 28
DAY 8 과일 꽂이 석류, 딸기, 감 · 30
DAY 9 케이크 장식 작약 · 32
DAY 10 채소 앞치마 버섯, 래디시, 당근 · 34
DAY 11 곡물통 라벨 아몬드, 호두, 마카다미아 · 36
DAY 12 김치 레시피 카드 배추, 포기김치 · 38

PART 3

따스하고 아늑해서 잠이 솔솔!
침실을 꾸미다

DAY 13 웨딩 다이어리 웨딩슈즈, 티아라, 부토니에, 웨딩드레스 · 42
DAY 14 천일홍 커튼 장식 천일홍 · 44
DAY 15 웨딩 액자 라넌큘러스, 꽃봉오리 · 46
DAY 16 몽글몽글 양 포스터 양 · 48
DAY 17 조개 모빌 불가사리, 뿔소라, 가리비 · 50
DAY 18 튤립 문패 튤립 · 52

PART 4

키가 쑥쑥! 꿈이 무럭무럭!
아이방을 꾸미다

DAY 19 **돼지 모빌** 돼지 · 56
DAY 20 **바닷속 친구들** 고래, 꽃게, 해마, 문어 · 58
DAY 21 **손가락 종이인형** 고슴도치, 여우, 거북이, 너구리 · 60
DAY 22 **가족 티셔츠** 아빠, 엄마, 아기, 강아지 · 62
DAY 23 **동물 왕관** 사자, 토끼 · 64
DAY 24 **크리스마스 요술봉** 산타, 눈사람, 진저맨 쿠키 · 66
DAY 25 **크리스마스 가랜더** 펭귄, 양말, 솔방울 · 68

PART 5

사계절 초록색으로 힐링!
베란다를 꾸미다

DAY 26 **화분 장식** 꽃1, 잎사귀, 나비, 열매, 꽃2, 꽃3 · 72
DAY 27 **씨앗 포장** 마늘, 완두콩, 옥수수 · 74
DAY 28 **화분 네임택** 제라늄 화분 · 76
DAY 29 **가든 가랜더** 무당벌레, 달팽이, 개구리 · 78
DAY 30 **종이꽃 화분** 민들레, 민들레씨 · 80

색연필 일러스트를 그리기 전, 이것만 알고 가기!

색연필은 다채로운 색상으로 사물을 표현할 수 있어요.
색연필의 장점이 돋보이게 색칠하는 비결을 소개합니다.

형태 따라 칠하기

모양에 맞게 색을 칠하면 전체적인 형태가 더욱 살아납니다.

 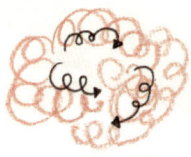 

길쭉한 꽃잎 형태에 맞추어 가늘고
길게 선을 그으며 칠합니다.

몽글몽글한 털이 있는 양의 몸 형태에 맞추어
동글동글 색연필을 굴리며 칠합니다.

손의 힘 조절하기

힘 조절을 통해 진한 색과 연한 색을 표현하는 연습을 해보세요. 이를 적절히 구사하면 그림의 입체감이 살아납니다. 연한 색은 손의 힘을 빼서 칠하고 진한 색은 여러 번 덧칠하거나 손의 힘을 강하게 주어 칠하세요.

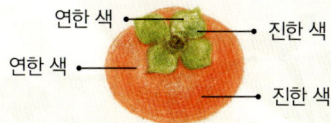

깔끔하게 칠하기

명암이 들어가지 않은 그림을 칠할 때에는 외곽선 안으로 비어 있는 곳이 없게 색을 꽉 채워 깔끔하게 칠해주세요. 그림이 더욱 선명해집니다.

　　(X)　　　　　(O)

PART 1

온가족이 모여 오순도순!
거실을 꾸미다

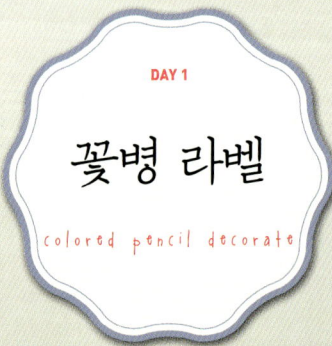

DAY 1

꽃병 라벨

colored pencil decorate

종이를 알맞은 크기로 자릅니다.

그림을 그려줍니다.

각각의 꽃 이름을 적어주세요.

뒷면에 양면테이프를 붙여 화병에 부착합니다.

DAY 2

앵무새 모빌
colored pencil decorate

①  ② ③

아래로 휘어진 주둥이를 표현해주세요.

눈과 머리를 그려주세요.

색칠해주세요.

④  ⑤  ⑥

배와 날개를 그려주세요.

배, 날개, 꼬리 부분을 위에서 아래로 선을 내려그어 색칠해주세요.

나뭇가지와 다리를 그리면 완성!

종이 위에 앵무새를 그리고 오려주세요.

나뭇가지를 적당한 길이로 잘라주세요.

나뭇가지에 실을 묶어 연결해줍니다.

앵무새가 가운데에 오도록 붙이고 뒷면에 실을 고정해주세요.

천사

갸름한 얼굴과 다소곳이 모은 손을
그려주세요.

폭이 넓은
소매를 그려주세요.

소매 아래로
치마를 그려주세요.

앞머리와
풍성한 머리를 그려주세요.

천사의 날개를 달아주고
머리를 색칠해주세요.

옷에 간단한 무늬를
그려주면 완성!

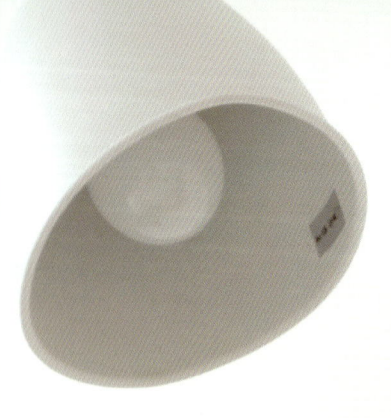

DAY 4

알프스 소녀 바구니 장식

colored pencil decorate

알프스 소녀

❶
소녀의 얼굴을
그려주세요.

❷
눈, 코, 입을 그린 후 발그레한
볼을 칠해주세요.

❸
옷깃을 기준으로
양팔과 손을 그려주세요.

❹
빨간 조끼를 입혀주고
폭이 넓은 치마를 그려주세요.

❺
다양한 색깔로
패턴을 넣어 꾸며주세요.

❻
치마폭을 칠해주고
신발을 그려주면 완성입니다.

❶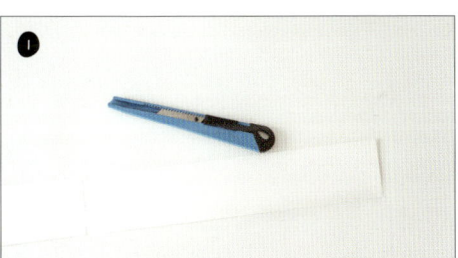
바구니에 둘러질 길이로 종이를 잘라주세요.

❷
종이 위에 알프스소녀를 여러 명 그려주세요.

❸
종이 끝 부분에 양면테이프를 붙여줍니다.

❹
양면테이프로 종이를 고정해주면 완성!

 생쥐

 ①
 ②
 ③

크고 둥근
귀를 그려주세요.

주둥이는
뾰족하게 그려주세요.

등이 둥글게 올라오도록
몸통을 그려주세요.

 ④
 ⑤
 ⑥

귀는
분홍색으로 칠해주세요.

코와 눈은 검은색으로
선명하게 그려주세요.

몸통에
글자를 써주세요.

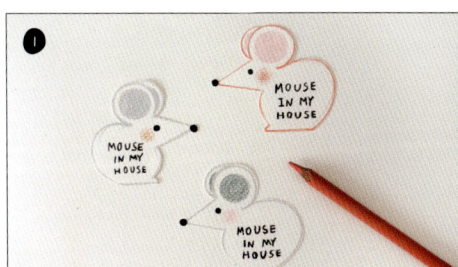 ①

종이 위에 그림을 그려주세요.

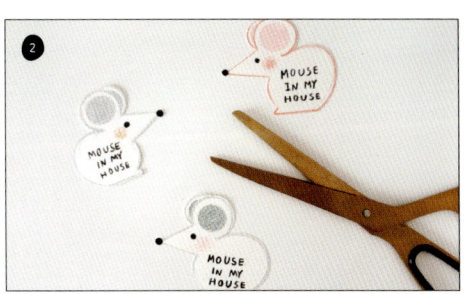 ②

모양대로 오려주세요.

 ③

전선이 들어갈 구멍을 뚫어주세요.

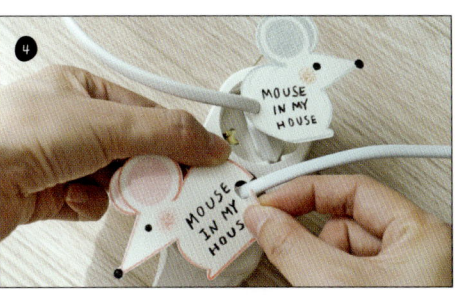 ④

전선에 끼워주세요.

PART 2

이야기꽃을 피우며 화기애애!
주방을 꾸미다

주전자

1. 주전자 뚜껑을 그려주세요.
2. 몸통과 무늬를 그려주세요.
3. 주전자 주둥이와 손잡이를 그려줍니다.
4. 여백에 꽃무늬를 넣어 꾸며주세요.

찻잔

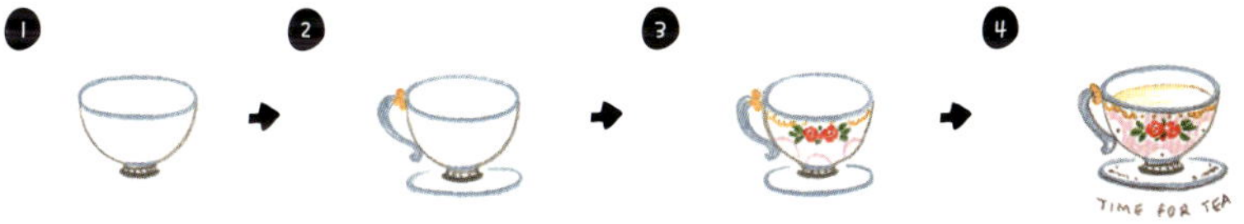

1. 앤틱한 디자인의 찻잔과 접시를 그려볼게요.
2. 손잡이와 찻잔을 그려주세요.
3. 꽃무늬를 넣어 꾸며주세요.
4. 차를 채워주고 분홍색으로 칠해주세요.

보관용기

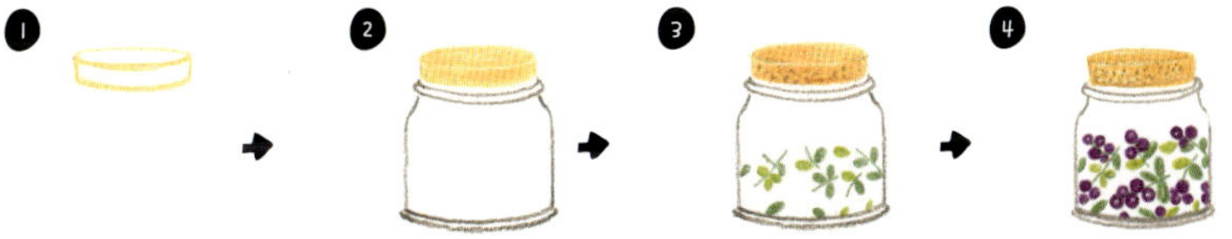

1. 코르크마개를 그려주세요.
2. 살짝 각이 지도록 몸통을 그려주세요.
3. 용기에 잎사귀 패턴을 먼저 그려주세요.
4. 보라색 열매를 채워 넣어 완성해주세요.

1. 티백 크기에 맞게 종이를 오려주세요.

2. 그림을 그려주세요.

3. 아랫부분에 양면테이프를 붙여줍니다.

4. 뒷면에 접착하고 티백을 넣어주세요.

DAY 8

과일 꽂이

colored pencil decorate

석류

1. 석류 조각을 그려주세요.
2. 석류 알이 담긴 껍질 부분을 만들어주세요.
3. 빨간 석류 알맹이를 표현해주세요.
4. 알맹이 하나하나를 색칠해 주세요.
5. 조각 뒤쪽에 석류를 그려주세요. 회색으로 외곽선을 정리해줍니다.

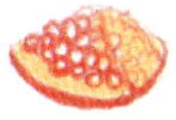

딸기

1. 꼭지부터 그려주세요.
2. 딸기 형태를 잡아주세요.
3. 노란색으로 딸기 씨를 콕콕 심어주세요.
4. 빨간색으로 진하게 덮어주면 노란색 딸기 씨가 자연스럽게 드러납니다.

감

1. 꼭지부터 그려주세요.
2. 감 형태를 잡아주세요.
3. 색을 칠해줍니다.

1. 석류, 딸기, 감을 그려주세요.

2. 모양대로 오려주세요.

3. 산적꼬치나 이쑤시개 윗부분에 목공풀을 발라줍니다.

4. 그림을 붙여주면 완성!

DAY 9

케이크 장식

colored pencil decorate

 작약

①
노란색 수술은
색연필을 굴려가며 그려줍니다.

②
수술을 기준으로
꽃잎 5장을 그려주세요.

③
잎과 잎 사이에
꽃잎을 더 채워줍니다.

④
꽃잎을
색칠합니다.

⑤
뒤쪽 꽃잎과 앞쪽 꽃잎이
구분되게 경계선을 남겨두고
칠해주세요.

⑥
진한 핑크색으로
꽃잎 결을 살려주고
잎을 그려 마무리합니다.

①
종이 위에 작약을 그려주세요.

②
가위로 섬세하게 오려주세요.

③
목공풀로 이쑤시개나 산적꼬치에 그림을 붙여줍니다.

④
케이크에 꽂아 장식해줍니다.

버섯

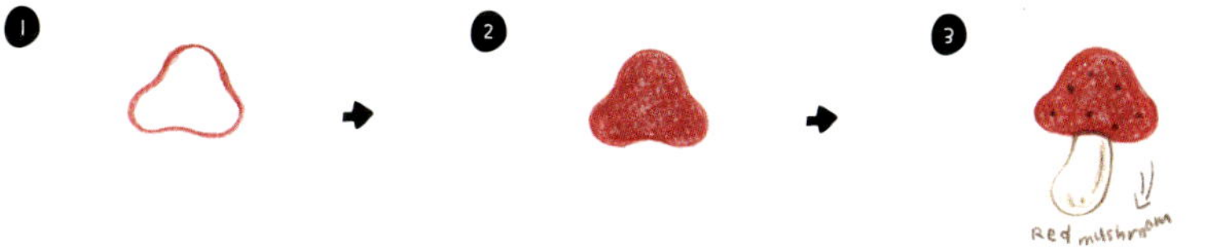

1 버섯 머리 형태를 잡아줍니다.

2 색칠해주세요.

3 길쭉하게 몸통을 그리고 명암을 넣어줍니다.

래디시

1 윗부분은 둥글게, 아랫부분은 뾰족하게 그립니다.

2 색칠해주세요.

3 세 개의 잎사귀를 그려주세요.

4 연두색과 녹색을 섞어 잎사귀를 색칠해주면 완성!

당근

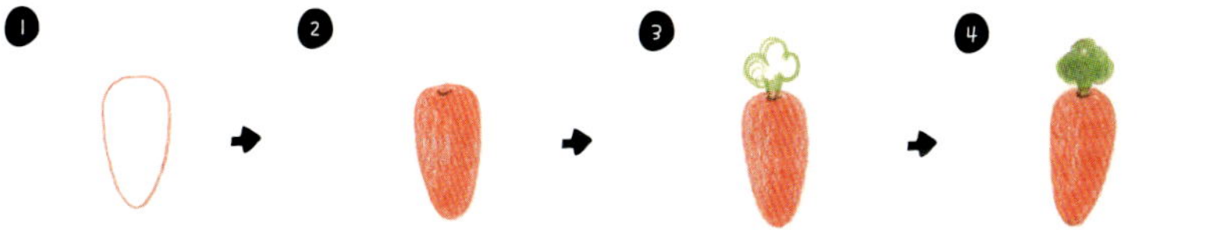

1 길쭉하게 당근 형태를 잡아줍니다.

2 색칠해주세요.

3 잎사귀를 그려줍니다.

4 색연필을 둥글게 굴리며 색칠해줍니다.

1 티셔츠 전사용지와 다리미를 준비합니다.

2 그려둔 그림을 스캔한 후 이미지를 반전시킨 상태로 인쇄합니다.

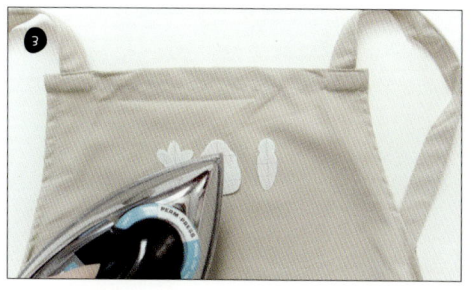

3 모양대로 전사용지를 오린 다음 앞치마 위에 뒤집어 올려놓고 60~90초 강하게 누르면서 다림질해주세요.

4 열을 식힌 다음 용지 뒷면을 떼어내면 완성입니다.

DAY 11

곡물통 라벨
colored pencil decorate

배추

1. 넓적한 배춧잎을 그려줍니다
2. 양옆으로 잎을 더 채워주세요.
3. 잎의 윗부분을 색연필을 굴려 색칠해주세요.
4. 위아래로 잎의 결을 표현해주세요.
5. 나머지 잎도 색을 채워주면 완성!

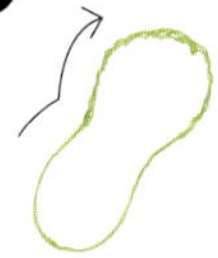

포기김치

1. 양념이 된 포기김치 모양을 잡아주세요.
2. 색연필을 굴리며 색을 채우고 잎의 결도 연하게 표현해주세요.
3. 노란색으로 연하게 칠해주세요.
4. 초록색으로 파 양념을 골고루 표현해주세요.
5. 뒤쪽으로 김치를 하나 더 그려주면 완성!

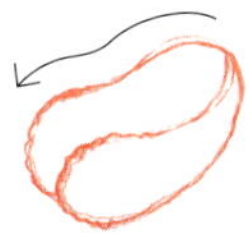

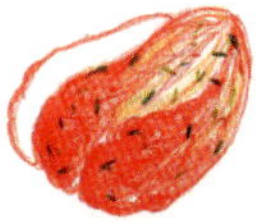

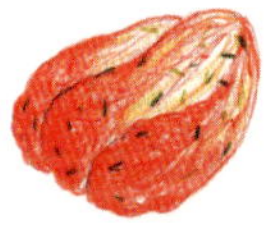

종이를 알맞은 크기의 직사각형으로 잘라 준비합니다.

레시피 제목을 상단에 적어주세요.

색연필로 그린 그림을 모양대로 잘라주세요.

그림을 종이 위에 붙여주세요.

PART 3

따스하고 아늑해서 잠이 솔솔!

침실을 꾸미다

웨딩슈즈

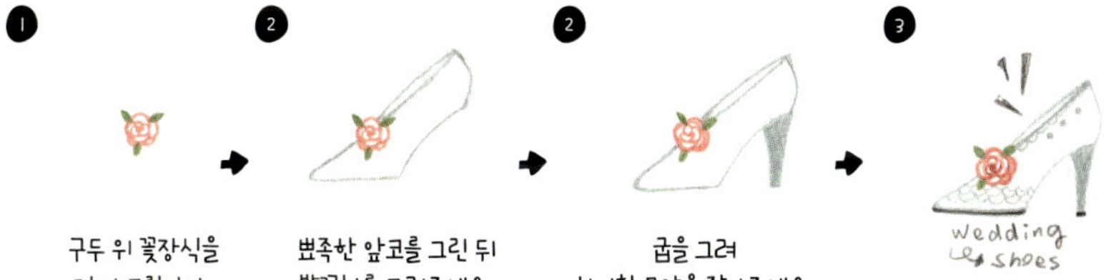

1 구두 위 꽃장식을 먼저 그립니다.

2 뾰족한 앞코를 그린 뒤 발꿈치를 그려주세요.

2 굽을 그려 하이힐 모양을 잡아주세요.

3 프릴 장식으로 꾸며주면 완성!

티아라

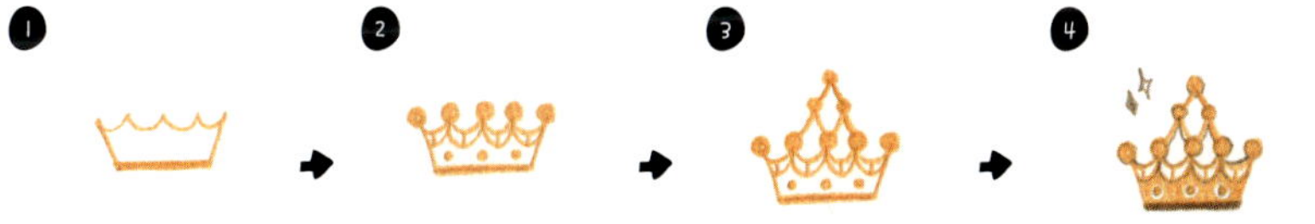

1 티아라 모양을 잡아주세요.

2 동그란 점을 그려 윗부분을 장식해주세요.

3 뾰족하게 단을 올려줍니다.

4 색을 칠한 뒤 갈색으로 윤곽을 정리해주면 완성!

부토니에

빈티지 웨딩과 어울리는 신랑님의 부토니에를 그려봐요.

1

2 꽃 2송이를 메인으로 그려주세요.

3 잎사귀를 채워주세요.

4 뒤쪽에는 점을 찍듯 잔잔한 꽃들을 표현해주세요.

5 끈을 묶어 고정한 부분은 여러 선을 그어 표현해줍니다.

웨딩 드레스

1 웨딩드레스 상체 모양을 잡아주세요.

2 선을 여러 번 그어 허리 부분의 주름을 만들어주세요.

3 나풀나풀 치마를 그려주세요.

4 색을 입히고 빈 부분을 레이스로 채워 완성해주세요.

43

DAY 14
천일홍 커튼 장식
colored pencil decorate

천일홍

① 달걀 모양으로 형태를 잡아줍니다.

② 아래에서 위로 차곡차곡 꽃잎을 채워주세요.

③ 색을 칠해주세요.

④ 가지와 잎사귀를 그려주세요.

⑤ 같은 방법으로 3송이를 더 그려주세요.

⑥ 완성된 꽃들을 리본끈으로 묶어주세요.

① 종이 위에 그림을 그립니다.

② 두툼한 종이를 덧대어 붙여주세요.

③ 모양대로 오려주세요.

④ 커튼에 달 수 있도록 리본끈을 달아주세요.

라넌큘러스

1. 동그란 점을 하나 그려줍니다.
2. 동그란 점 주변을 동글동글 굴리며 잎을 채워주세요.
3. 전체적으로 둥근 모양이 되도록 잎을 더 채워주세요.
4. 한 송이 더 그려주고 잎사귀를 더해 마무리해주세요.

꽃봉오리

1. 꽃봉오리를 받쳐줄 잎을 볼륨감 있게 그려줍니다.
2. 안쪽 꽃봉오리를 칠해 표현해주세요.
3. 줄기를 그려주세요.
4. 곡선으로 휘어진 꽃봉오리 줄기를 하나 더 그려 마무리해주세요.

종이 위에 그림을 그립니다.

모양대로 오려주세요.

그림 뒷면에 양면테이프를 붙여주세요.

액자 모서리에 붙여 장식해주세요.

얼굴 형태를 잡아주고
뾰족한 귀를 그려주세요.

눈, 코, 입을
그려 넣어주세요.

구름을 그리듯 몽실몽실하게
양의 몸 형태를 잡아주세요.

색연필을 굴리면서
칠해주세요.

연한 갈색으로 형태를
명확하게 잡아주세요.

다리를 만들어주면
완성!

불가사리

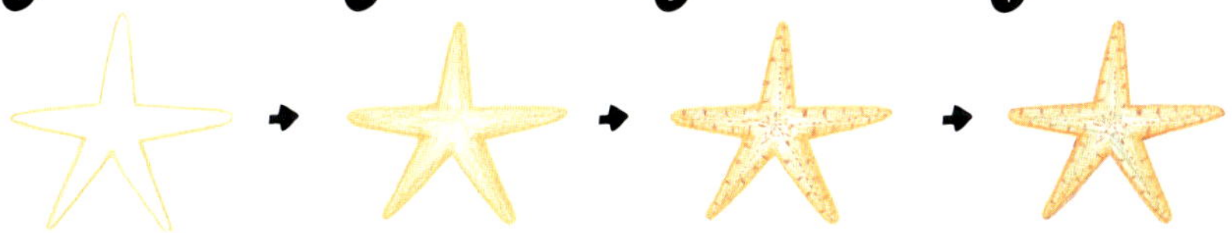

① 별모양을 그려주세요.
② 명암을 살려 색을 칠해줍니다.
③ 점을 찍어 무늬를 만들어주세요.
④ 외곽선을 정리하여 또렷한 형태로 만들어주세요.

뿔소라

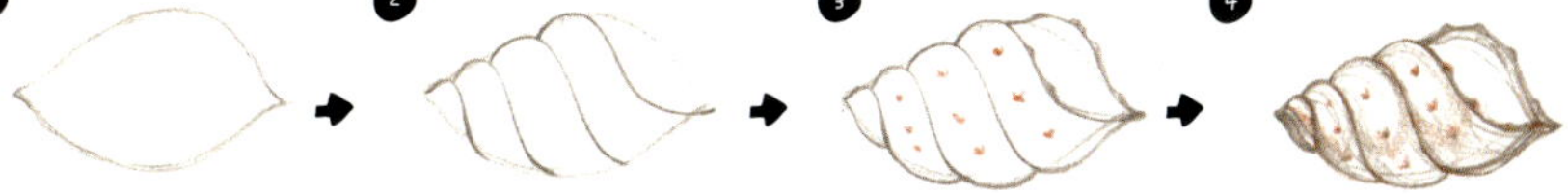

① 소라 형태를 잡아주세요.
② 곡선을 그려 4개의 면으로 나눠주세요.
③ 점을 찍어 소라 표면의 돌기를 표현해줍니다.
④ 명암을 넣어 색을 칠해주세요.

가리비

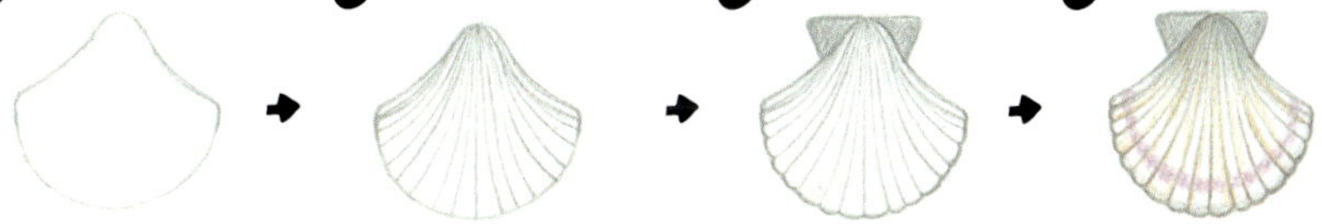

① 부채꼴로 형태를 잡아주세요.
② 가운데에 직선을 긋고 대칭이 되듯 선을 그려주세요.
③ 끝부분을 둥글둥글하게 다듬어주세요.
④ 연보라색으로 띠를 둘러 포인트를 주세요.

종이위에 그림을 그려줍니다.

모양대로 오려주세요.

그림 뒷면에 테이프로 실을 고정해주세요.

나뭇가지에 실을 묶어주면 완성!

DAY 18

튤립 문패

colored pencil decorate

SWEET ROOM

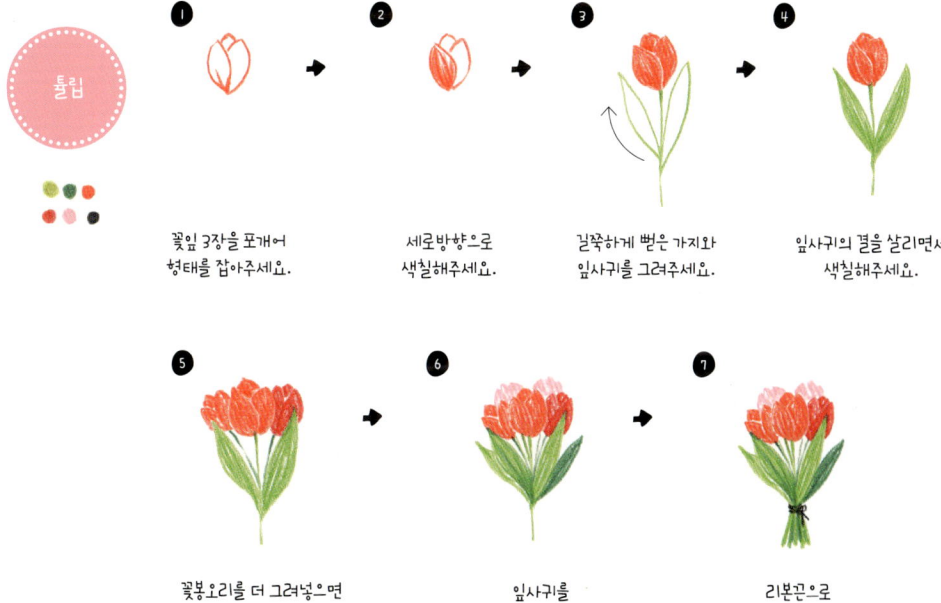

① 꽃잎 3장을 포개어 형태를 잡아주세요.

② 세로방향으로 색칠해주세요.

③ 길쭉하게 뻗은 가지와 잎사귀를 그려주세요.

④ 잎사귀의 결을 살리면서 색칠해주세요.

⑤ 꽃봉오리를 더 그려넣으면 풍성해보입니다.

⑥ 잎사귀를 더해주세요.

⑦ 리본끈으로 꽃다발을 묶어주세요.

그림을 그려주세요.

그림을 가위로 오려주세요.

색지 위에 원하는 문장을 써보세요.

뒷면에 양면테이프를 붙여 문에 붙여주세요.

PART 4

키가 쑥쑥! 꿈이 무럭무럭!
아이방을 꾸미다

돼지

① 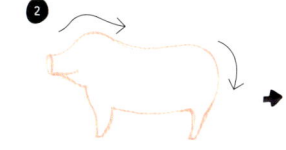 → ② → ③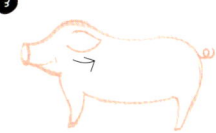

타원형 돼지코를 그려줍니다.

둥글둥글하게 돼지 형태를 그려주세요.

쫑긋한 귀와 돼지꼬리를 만들어주세요.

TIP
굴곡이 많은 형태는 선의 강약을 살려주면 더 자연스러워요.

 →  →

눈과 입을 그리고 글자를 넣어 꾸며주세요.

글자 부분을 제외하고 색칠해주세요.

짙은 색으로 발톱을 강조해주세요.

①

종이 앞뒤로 같은 그림을 그려주세요.

②

뜨개실, 틀, 송곳을 준비해주세요.

③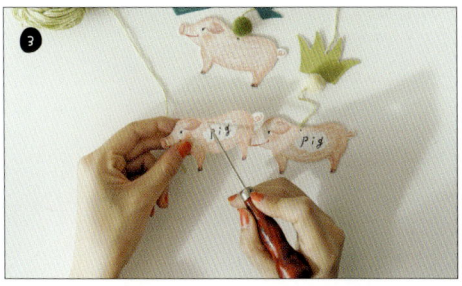

윗부분 중앙을 송곳으로 뚫어주고 실을 연결합니다.

④

각자 길이가 다르게 틀에 고정시켜 매달아주면 완성!

DAY 20

바닷속 친구들

colored pencil decorate

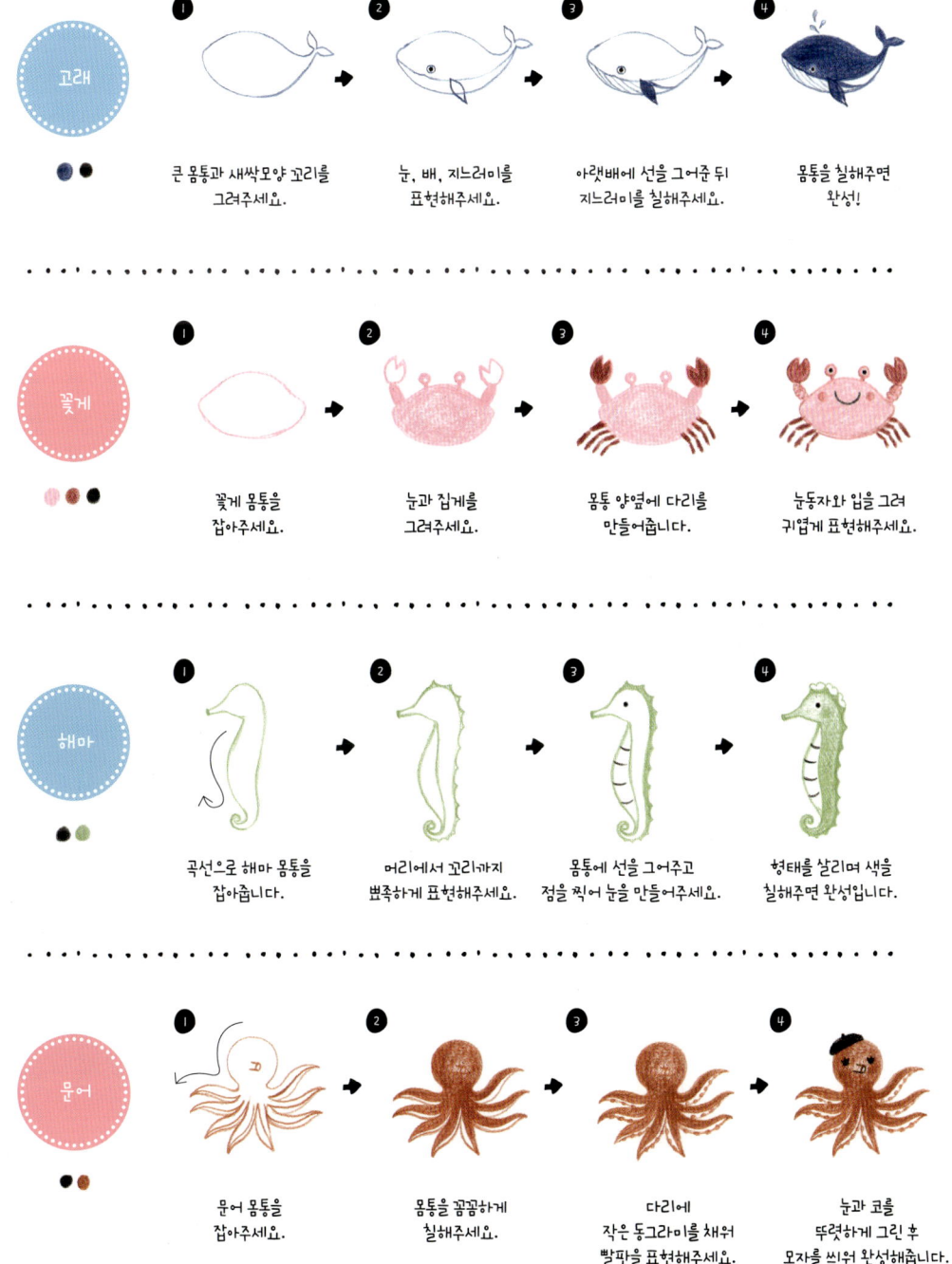

DAY 21
손가락 종이인형
colored pencil decorate

고슴도치

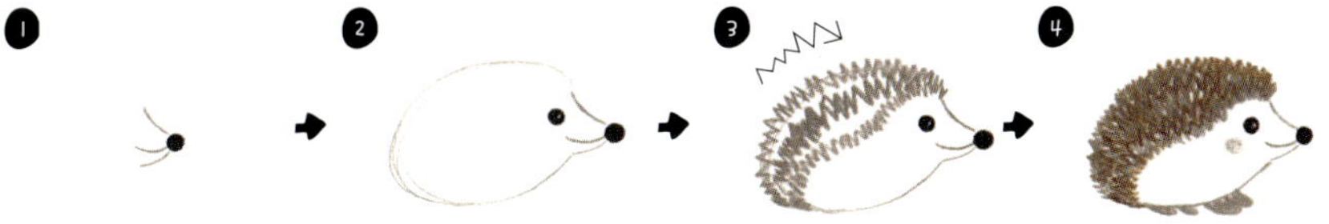

1. 동그란 코를 기점으로 주둥이를 그려주세요.
2. 선명한 눈과 둥그런 몸통을 그립니다.
3. 몸통을 따라 지그재그로 선을 그어 뾰족한 침을 묘사해주세요.
4. 짙은 색으로 한 번 더 채워주면 완성!

여우

1. 긴 주둥이의 얼굴을 그려주세요.
2. 동그랗게 코를 그려주세요.
3. 눈꼬리가 치켜 올라간 눈을 그려주세요.
4. 몸통과 꼬리 형태를 잡아주세요.
5. 형태를 따라 색칠해주세요.

거북이

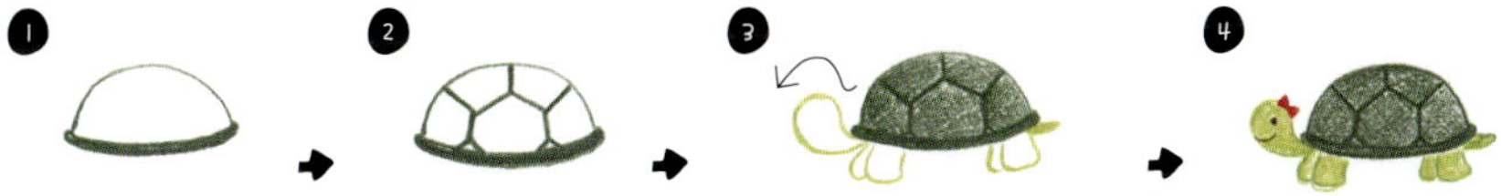

1. 거북이의 등껍질 형태를 잡아줍니다.
2. 무늬를 넣어주세요.
3. 등껍질을 색칠하고 얼굴, 다리, 꼬리를 그려줍니다.
4. 웃는 얼굴과 리본으로 마무리해주세요.

너구리

1. 모자와 얼굴 윤곽을 그리고 둥근 코를 그려주세요.
2. 얼룩을 그려주세요.
3. 몸통을 그려주고 꼬리에 무늬를 칠해주세요.
4. 몸통을 칠해주세요.

1. 종이 위에 동물들을 그려주고 모양대로 잘라주세요.

2. 손가락 사이즈에 맞게 종이를 원통으로 만들어 동물그림 뒷면에 붙여주세요.

아빠

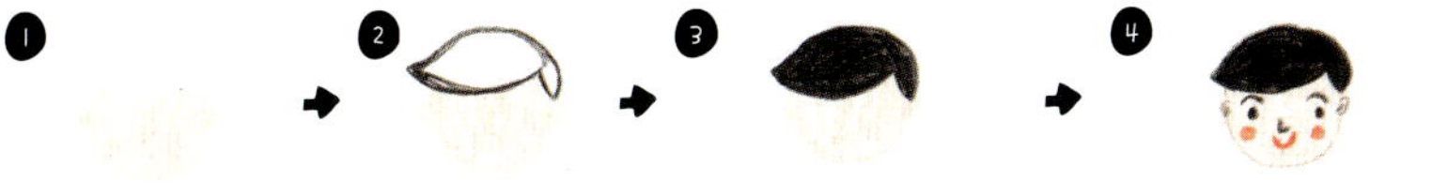

1	2	3	4
반원을 그려 얼굴 형태를 잡아주세요.	이마를 살짝 덮는 머리스타일로 그려주세요.	검정색으로 머리를 칠해주세요.	눈, 코, 입을 그려 완성!

엄마

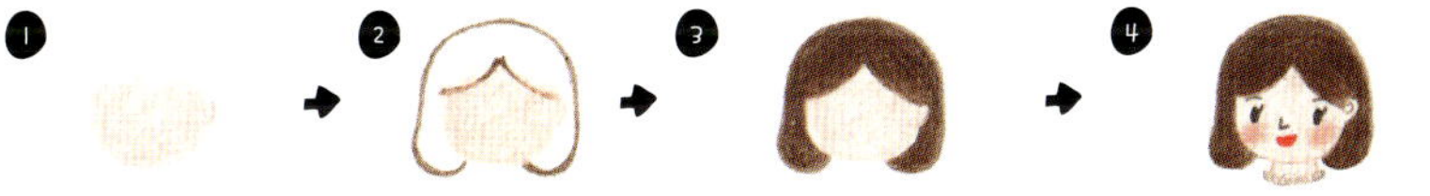

1	2	3	4
반원을 그려 얼굴 형태를 잡아주세요.	다소곳한 단발머리 스타일로 그려주세요.	색을 칠해주세요.	눈, 코, 입을 그려 완성!

아기

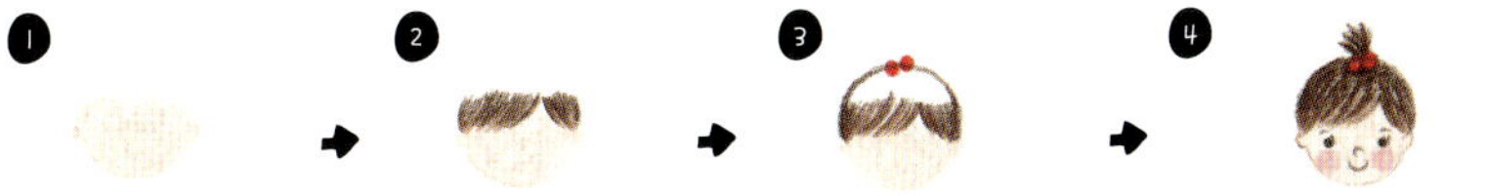

1	2	3	4
반원을 그려 얼굴 형태를 잡아주세요.	앞머리를 그려주세요.	빨간 방울을 그려주세요.	머리카락을 모두 칠하고 눈, 코, 입을 그려 완성해주세요.

강아지

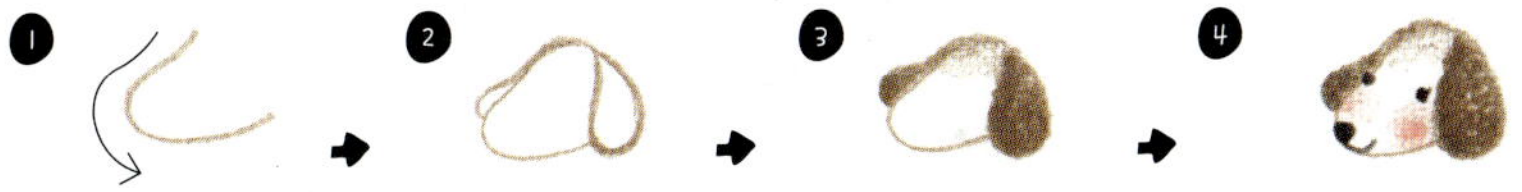

1	2	3	4
주둥이를 길게 빼내어 얼굴 형태를 잡아주세요.	귀를 그려주세요.	색연필을 굴려가며 복슬복슬한 털을 표현해주세요.	눈, 코, 입을 그려 완성!

티셔츠 전사용지와 다리미를 준비합니다.

그려둔 그림을 스캔 한 후 이미지를 반전시킨 상태로 인쇄합니다.

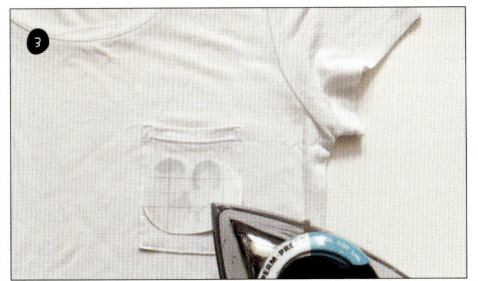

모양대로 전사용지를 오린 다음 티셔츠 위에 뒤집어 올려놓고 60~90초 강하게 누르면서 다리미질해주세요.

열을 식힌 다음 용지 뒷면을 떼어내면 완성!

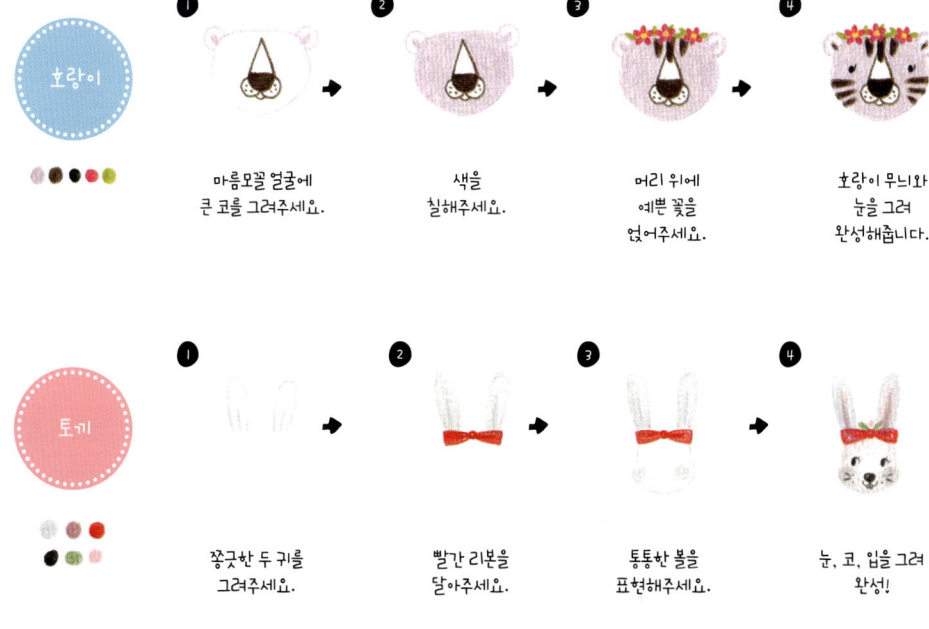

호랑이

1. 마음모꼴 얼굴에 큰 코를 그려주세요.
2. 색을 칠해주세요.
3. 머리 위에 예쁜 꽃을 얹어주세요.
4. 호랑이 무늬와 눈을 그려 완성해줍니다.

토끼

1. 쫑긋한 두 귀를 그려주세요.
2. 빨간 리본을 달아주세요.
3. 통통한 볼을 표현해주세요.
4. 눈, 코, 입을 그려 완성!

1. 머리를 둘러줄 종이를 위 사진처럼 잘라주세요.

2. 그림을 오려주세요.

3. 목공풀로 종이 위에 붙여줍니다.

4. 구슬, 스팽글 장식을 더하여 꾸며주세요.

산타

1. 산타 모자를 쓴 빨간 코의 산타 얼굴을 그려주세요.
2. 복슬복슬한 수염을 만들어줍니다.
3. 산타의 상체와 검은 부츠를 신은 하체까지 완성하세요.
4. 선물꾸러미를 들고 있는 산타 할아버지 완성!

눈사람

1. 눈사람의 모자를 그려주세요.
2. 모자 아래로 둥근 얼굴과 목도리를 그립니다.
3. 오뚜기 형태로 몸통을 볼륨감 있게 잡아주세요.
4. 몸통에 단추를, 얼굴에 눈과 코 그리고 발그레한 볼을 표현해주세요.

진저맨 쿠키

1. 삼등신의 쿠키 형태를 그려주세요.
2. 오른쪽 방향 선을 두껍게 하여 쿠키 볼륨감을 표현하세요.
3. 아이싱된 쿠키의 얼굴과 장식을 그려주세요.
4. 전체적으로 색칠해주세요.

1. 페이퍼 스트로, 리본, 손그림을 준비합니다.

2. 페이퍼 스트로 위에 그림을 붙여주세요.

3. 바늘로 리본을 폼폼이에 연결시켜줍니다.

4. 산타와 쿠키 그림에 폼폼이를 붙여 리본이 흩날릴 수 있게 해주세요.

펭귄

1. 뾰족 튀어나온 주둥이를 기준으로 몸통을 그립니다.
2. 주둥이에서 배까지 선을 그려주세요.
3. 양 날개를 그려주세요.
4. 색칠해줍니다.
5. 눈과 발을 그려주면 귀여운 펭귄 완성!

양말

1. 양말 형태를 잡아주세요.
2. 발끝과 뒤꿈치 모양을 칠해주세요.
3. 다양한 패턴으로 꾸며주세요.
4. 남은 여백을 칠해주세요.

솔방울

1. 기준이 되는 점을 그린 뒤 형태를 잡아줍니다.
2. 점을 기준으로 두 갈래로 선을 나누어주세요.
3. 물결무늬로 채워줍니다.
4. 선이 구분되도록 색칠해주면 완성!

1. 그림 모양대로 오려주세요.

2. 펭귄과 양말은 둥글게 오린 종이 위에 붙여줍니다.

3. 종이 뒷면에 테이프로 실을 고정하여 연결해줍니다.

4. 솔방울과 소나무 잎을 함께 장식해주면 더 예뻐요.

PART 5

사계절 초록색으로 힐링!

베란다를 꾸미다

DAY 26

화분 장식
colored pencil decorate

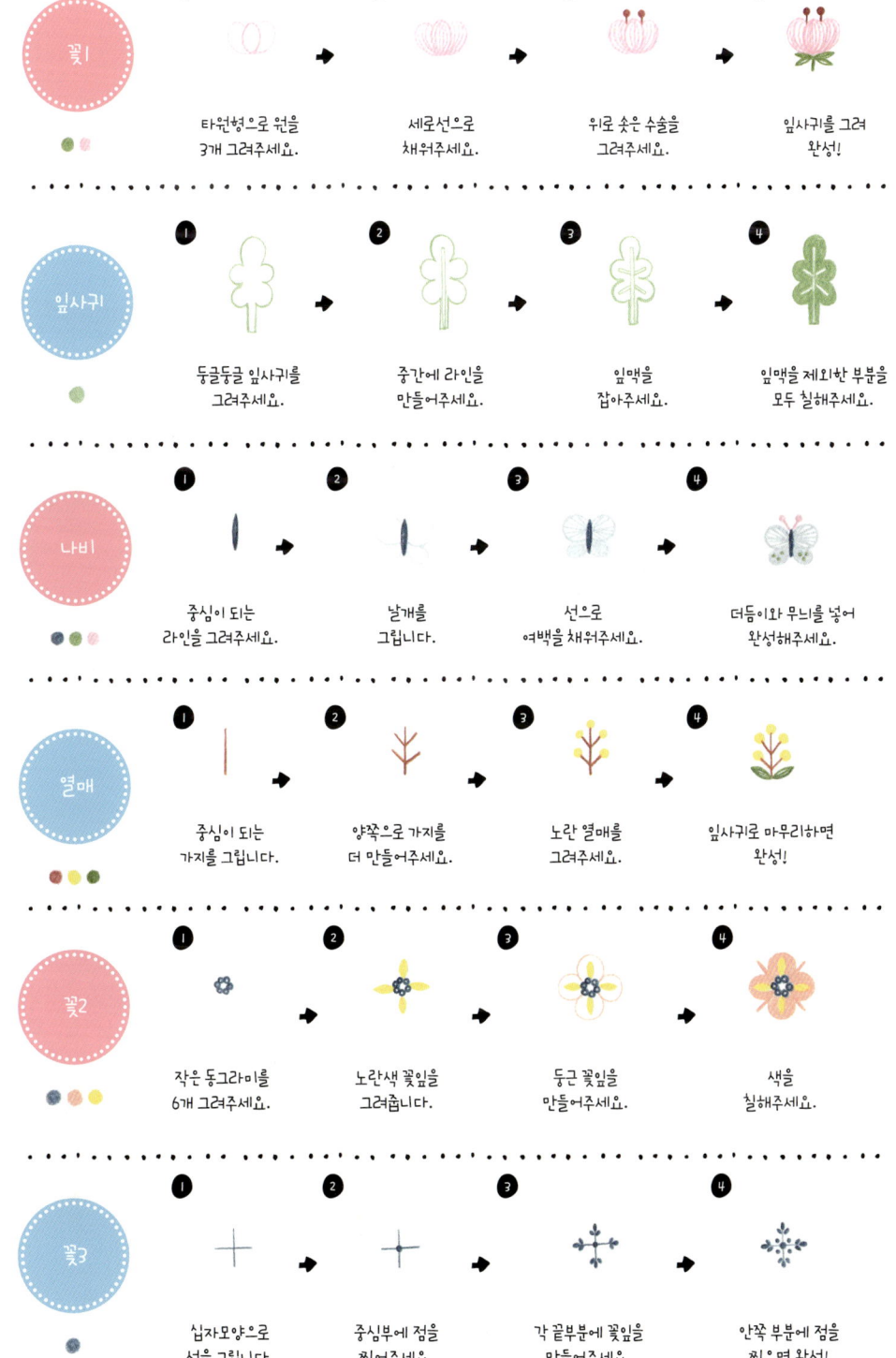

마늘

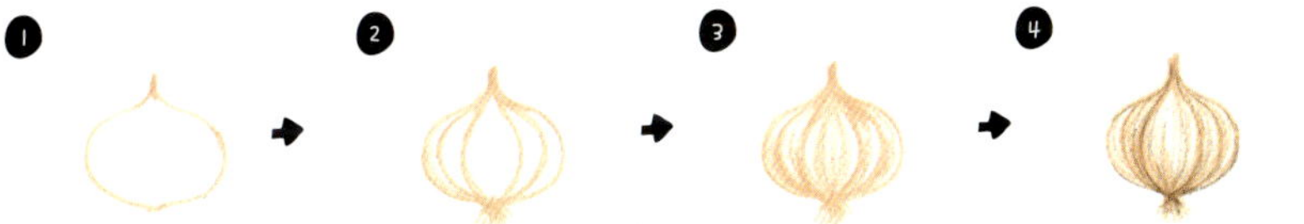

1. 마늘 형태를 잡아주세요.
2. 뾰족한 윗부분을 기준으로 선으로 나눠준 뒤 뿌리까지 표현해줍니다.
3. 위아래로 선을 그리듯 색칠해주세요.
4. 갈색으로 형태를 잡아 마무리해주세요.

완두콩

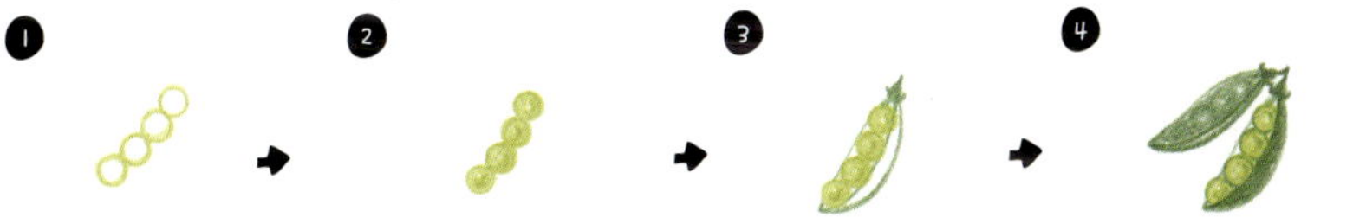

1. 동그란 콩 4개를 나란히 그려주세요.
2. 명암을 살려 색을 칠해주세요.
3. 콩을 감싸주는 깍지를 그려주세요.
4. 색을 칠하고 선을 정리해주세요.

옥수수

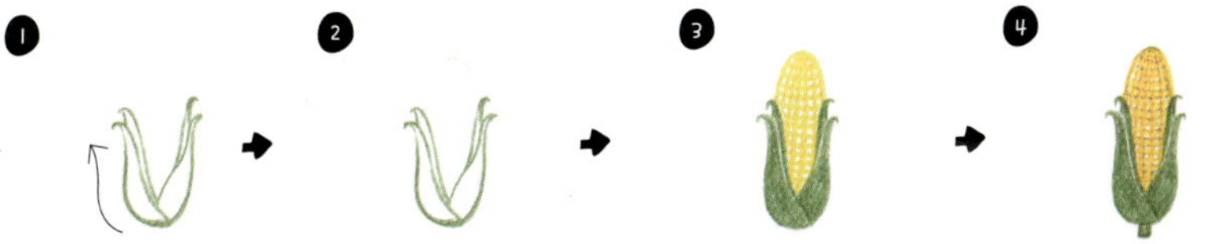

1. 옥수수를 감싸줄 잎을 그려줍니다.
2. 옥수수 전체 형태를 잡아줍니다.
3. 가로 세로로 선을 교차해 그려주세요.
4. 갈색으로 선을 명확하게 잡아 완성해주세요.

1. 도안을 따라 오려주세요.

2. 그림이 들어갈 부분에 글자와 일러스트를 그립니다.

3. 목공풀을 발라 붙여주세요.

4. 씨앗을 담아 예쁘게 보관하세요.

제라늄 화분

① 꽃잎 5장으로 꽃 한 송이를 그려주세요.

② 줄기를 그려주세요.

③ 꽃 송이를 더 그려준 뒤 둥근 잎사귀를 더해주세요.

④ 잎맥을 따라 잎사귀를 칠해줍니다.

⑤ 화분을 그려주세요.

⑥ 비어 보이는 부분에 잎사귀를 채워 그려주세요.

① 그림을 그려주세요.

② 타원형으로 종이를 오려주세요.

③ 두꺼운 종이를 뒷면에 덧붙여주세요.

④ 목공풀로 뒷면에 나무젓가락을 붙여 마무리합니다.

무당벌레

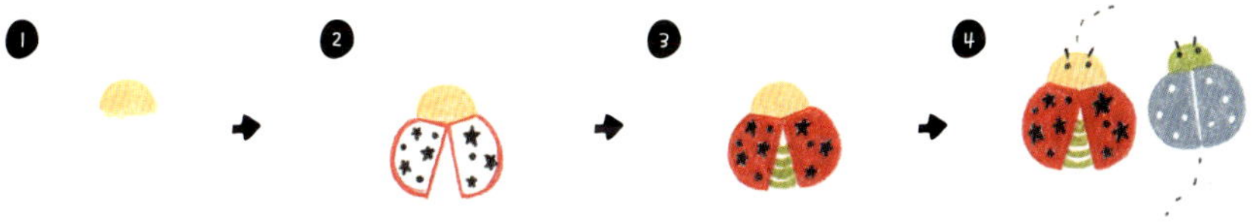

① 반원으로 얼굴을 그려주세요.
② 양옆으로 날개를 만들어주고 별무늬를 넣어주세요.
③ 색을 채운 뒤 안쪽 몸통을 선으로 표현해주세요.
④ 눈과 더듬이를 그려 완성합니다.

달팽이

① 달팽이 몸통을 그려주세요.
② 달팽이집을 곡선으로 만들어주세요.
③ 달팽이집을 색칠해주세요.
④ 얼굴을 그려 넣어 마무리해주세요.

개구리

① 동그란 눈을 그립니다.
② 넓적한 얼굴과 리본을 그려주세요.
③ 눈, 코, 입을 넣어주세요.
④ 나뭇잎 위에 앉아있는 몸통을 그려주세요.
⑤ 색칠해주면 완성!

① 두꺼운 종이에 그림을 그려주세요.

② 그림 모양대로 오려주세요.

③ 송곳으로 그림 윗부분에 구멍을 뚫어주세요.

④ 실을 엮어 연결해주세요.

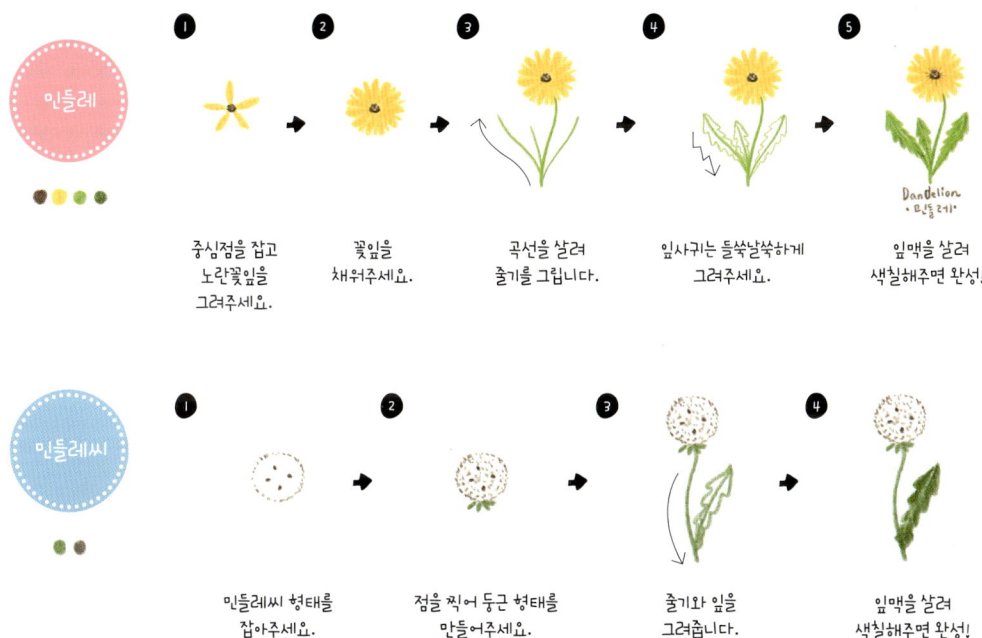

종이 위에 그림을 그려주세요.

모양을 따라 오려주세요.

목공풀로 종이 뒷면에 꽃철사를 붙여주세요.

흙이 담긴 화분에 꽂아 장식해보세요.